2

언어발달 촉진 프로그램

민이네 아침 풍경

어휘촉진 활동 워크북

윤혜련 · 양수진 · 오세나 · 이경아 공저

학지사

학지사 심리검사연구소

머리말

〈언어발달 촉진 프로그램〉은 유치원부터 초등학교까지 아동의 언어발달을 촉진시키기 위한 목표로 개발되었다. 아동의 일상생활을 시간의 순서에 따라 아침부터 밤까지 여러 아동이 경험하는 상황들을 여덟 개의 장면에 담아 다양한 캐릭터와 사건으로 흥미롭게 구성하였다. 대부분의 캐릭터는 우리의 일상생활에서 흔히 만나게 되는 친숙한 사람들이고, 그 안에서 이루어지는 행동과 사건 역시 언어연령이 5세 이상인 학령기 아동이라면 쉽게 이해할 수 있는 내용으로 구성하였다. 이 프로그램의 첫 번째 이야기인 〈민이네 아침 풍경〉은 전체 이야기에 등장하는 주인공들이 아침 일과를 시작하는 내용으로, 어휘촉진과 구문촉진을 목표로 반복적인 연습을 할 수 있도록 하였다. 이 프로그램은 활동 지침서, 워크북(2권), 평가와 중재 기록지, 그림판으로 구성되어 있다.

- 활동 지침서: 그림판과 워크북을 사용하여 어떻게 언어중재 활동을 할 것인지를 자세하게 설명한 지침서다. 평가하기, 언어중재 목표 설정, 중재활동의 3개 장으로 이루어져 있다.
- 워크북: 활동 지침서의 순서에 따라 '어휘촉진 활동'과 '구문촉진 활동'으로 구성하였다. 필요한 부분을 오려서 개별 아동이 손쉽게 사용할 수 있도록 엮었다.
- 평가와 중재 기록지: 어휘평가 목록과 평가결과 기록지, 구문능력 종합평가표, 중재 목표 기록지 및 중재 결과 기록지로 구성하였다. 개별 아동에게 한 권씩 사용하기 편리하도록 별도로 엮었다.
- 그림판: 3층으로 된 다세대주택에 사는 세 가구의 가족이 등장하는 큰 그림으로, 뒷면에는 등장인물에 대한 간단한 소개가 있다.

워크북 사용 방법

- 이 워크북은 『민이네 아침 풍경-활동 지침서』의 차례에 따라 구성되었습니다. 따라서 모든 활동을 하기에 앞서 반드시 〈민이네 아침 풍경〉 그림판과 활동 지침서를 먼저 확인한 후에 워크북 활동을 시작해야 합니다.
- 워크북에 수록된 각 활동지의 상단에는 해당 활동의 제목이 적혀 있으며, 그 옆에는 해당 활동의 설명이 기술된 활동 지침서의 쪽수가 기록되어 있습니다.
- 한 권의 워크북은 한 명의 아동에게 개별적으로 필요한 내용으로 구성하였습니다. 대상 아동에게 필요한 활동을 활동 지침서에서 확인한 후, 워크북의 해당 쪽수를 찾아 낱장으로 오린 후 사용하도록 합니다. 활동을 마친 후 자료를 보관할 필요가 있을 경우에는 제목 옆에 날짜를 기입하고 별도의 파일로 묶어 보관하는 것이 좋습니다.
- 『민이네 아침 풍경』의 과제들은 개별 활동을 원칙으로 구성하였으나 두 명 이상의 소그룹에서도 사용할 수 있습니다.

차 례

활동 1 **무엇일까요? ①: 거실**

활동 지침서 43쪽

아동이 기억해서 말한 것을 여기에 쓰고, 아동과 함께 그림에 연결하세요.

새롭게 익혀야 할 어휘를 여기에 쓰고, 아동과 함께 그림에 연결하세요.

잘하셨어요! 이번에는 다시 그림을 보지 않고 기억해서 3분 동안 말하기를 해 주세요. 얼마나 향상되었나요?

활동 1 무엇일까요? ②: 화장실

활동 지침서 43쪽

아동이 기억해서 말한 것을 여기에 쓰고, 아동과 함께 그림에 연결하세요.

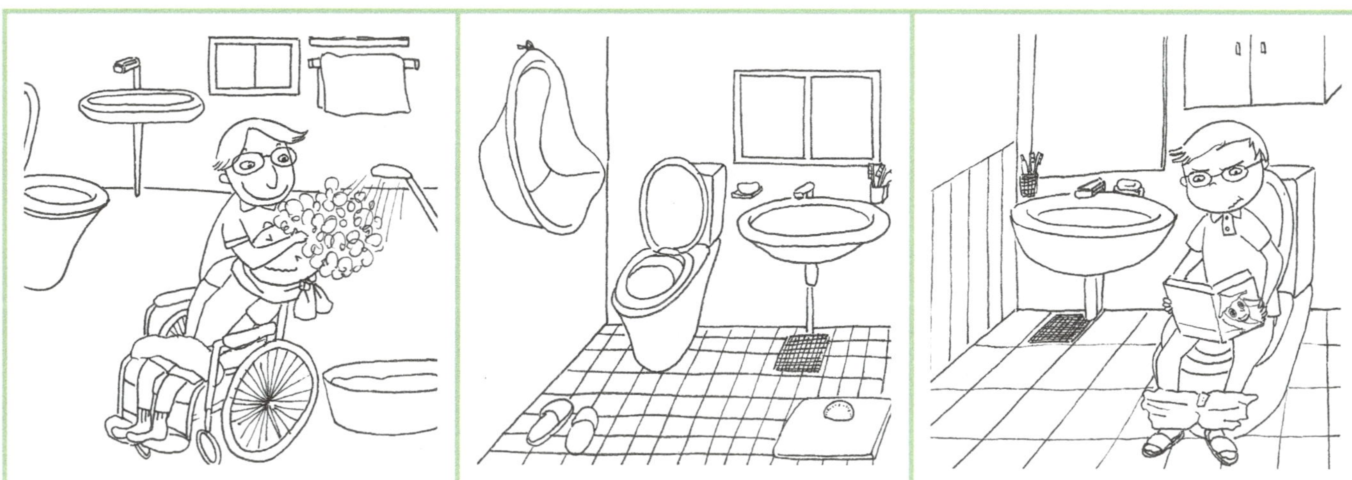

새롭게 익혀야 할 어휘를 여기에 쓰고, 아동과 함께 그림에 연결하세요.

잘하셨어요! 이번에는 다시 그림을 보지 않고 기억해서 3분 동안 말하기를 해 주세요. 얼마나 향상되었나요?

활동 1 무엇일까요? ③: 부엌

활동 지침서 43쪽

아동이 기억해서 말한 것을 여기에 쓰고, 아동과 함께 그림에 연결하세요.

새롭게 익혀야 할 어휘를 여기에 쓰고, 아동과 함께 그림에 연결하세요.

잘하셨어요! 이번에는 다시 그림을 보지 않고 기억해서 3분 동안 말하기를 해 주세요. 얼마나 향상되었나요?

활동 1 무엇일까요? ④: 안방

활동 지침서 43쪽

아동이 기억해서 말한 것을 여기에 쓰고, 아동과 함께 그림에 연결하세요.

새롭게 익혀야 할 어휘를 여기에 쓰고, 아동과 함께 그림에 연결하세요.

잘하셨어요! 이번에는 다시 그림을 보지 않고 기억해서 3분 동안 말하기를 해 주세요. 얼마나 향상되었나요?

활동 1 무엇일까요? ⑤: 아이 방

활동 지침서 43쪽

아동이 기억해서 말한 것을 여기에 쓰고, 아동과 함께 그림에 연결하세요.

새롭게 익혀야 할 어휘를 여기에 쓰고, 아동과 함께 그림에 연결하세요.

잘하셨어요! 이번에는 다시 그림을 보지 않고 기억해서 3분 동안 말하기를 해 주세요. 얼마나 향상되었나요?

활동 1 무엇일까요? ⑥: 집 밖

활동 지침서 43쪽

아동이 기억해서 말한 것을 여기에 쓰고, 아동과 함께 그림에 연결하세요.

새롭게 익혀야 할 어휘를 여기에 쓰고, 아동과 함께 그림에 연결하세요.

잘하셨어요! 이번에는 다시 그림을 보지 않고 기억해서 3분 동안 말하기를 해 주세요. 얼마나 향상되었나요?

활동 2 어디에 있는 물건일까요? ①: 거실

활동 지침서 45쪽

거실에 어울리는 물건들을 찾아 ○표를 해 주세요.

시계	샴푸	텔레비전	식탁	베개
자전거	소파	변기	냉장고	화분
카펫	전화기	화장대	장식장	비누

워크북 13쪽의 '물건 그림판'에 있는 물건 중에서 필요한 물건을 찾아 거실을 꾸며 주세요.

활동 2 어디에 있는 물건일까요? ②: 화장실

활동 지침서 45쪽

화장실에 어울리는 물건들을 찾아 ○표를 해 주세요.

욕조	샴푸	텔레비전	식탁	베개
자전거	소파	변기	냉장고	화분
싱크대	거울	화장대	휴지	비누

워크북 13쪽의 '물건 그림판'에 있는 물건 중에서 필요한 물건을 찾아 화장실을 꾸며 주세요.

활동 2 어디에 있는 물건일까요? ③: 부엌

활동 지침서 45쪽

부엌에 어울리는 물건들을 찾아 ○표를 해 주세요.

전자레인지	샴푸	텔레비전	식탁	베개
자전거	주전자	변기	냉장고	화분
싱크대	전화기	화장대	토스터	수저

워크북 13쪽의 '물건 그림판'에 있는 물건 중에서 필요한 물건을 찾아 부엌을 꾸며 주세요.

활동 2 **어디에 있는 물건일까요?: 물건 그림판** 활동 지침서 45쪽

다음 물건 그림 중에서 거실, 화장실, 부엌에 어울리는 것을 찾아 오려서 꾸미기를 하세요.

활동 3 길 따라가기 ①: 가전제품

활동 지침서 47쪽

제일 앞에 있는 낱말과 같은 종류의 물건을 따라 줄을 그어 보세요.

출발!

텔레비전	컴퓨터	피아노	☹
식탁	세탁기	어항	☹
소파	냉장고	자동차	☹
도마	토스터	청소기	☺ 가전제품
욕조	가방	거울	☹

아주 잘했어요!

활동 3 길 따라가기 ②: 가구

활동 지침서 47쪽

제일 앞에 있는 낱말과 같은 종류의 물건을 따라 줄을 그어 보세요.

출발!

책상	가위	텔레비전	☹
식탁	소파	가방	☹
커튼	의자	욕조	☹
피아노	침대	세탁기	☹
컴퓨터	장농	옷장	☺ 가구

아주 잘했어요!

활동 3 길 따라가기 ③: 운동기구

활동 지침서 47쪽

제일 앞에 있는 낱말과 같은 종류의 물건을 따라 줄을 그어 보세요.

출발!

훌라후프	드럼	의자	☹
줄넘기	욕조	시계	☹
아령	자전거	달력	☹
책가방	인라인	모자	☹
수건	역기	배드민턴	☺ 운동기구

아주 잘했어요!

활동 3 길 따라가기 ④: 빈칸

활동 지침서 47쪽

새로운 주제(예 가족 이름, 장소 이름 등)를 정해서 분류놀이판을 만들어 보세요.

출발!

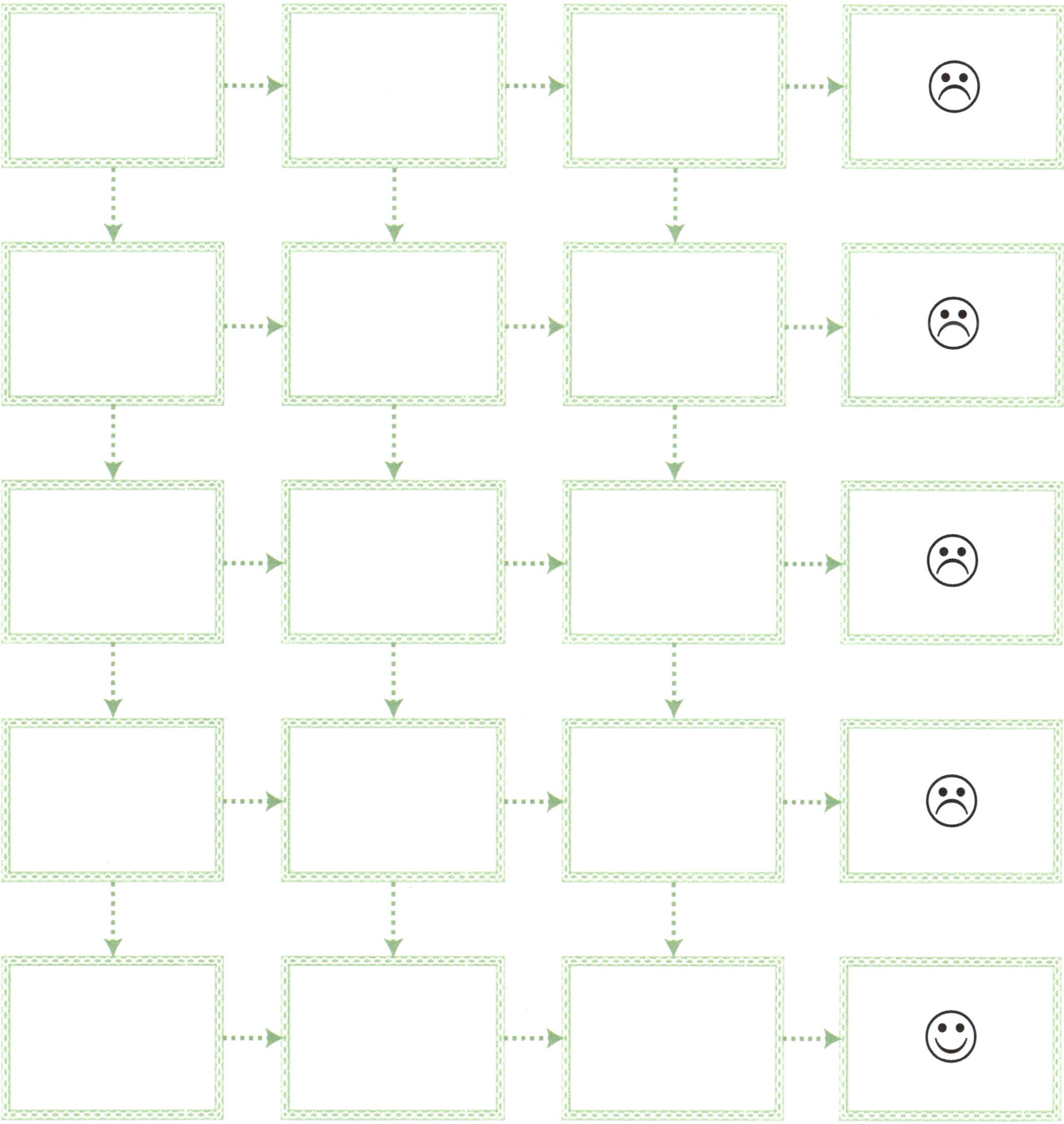

아주 잘했어요!

어휘 빙고 게임 ①: 둥근 모양 물건

활동 지침서 49쪽

빙고판 A

훌라후프	자전거 바퀴	위성 안테나	공
휠체어 바퀴	대야	얼굴	변기 뚜껑
안경알	둥근 거울	모자챙	밥그릇
접시	냄비 뚜껑	컵	둥근 밥상

빙고판 B

대야	변기 뚜껑	접시	위성 안테나
둥근 거울	훌라후프	둥근 밥상	밥그릇
냄비 뚜껑	휠체어 바퀴	자전거 바퀴	모자챙
공	안경알	컵	얼굴

활동 4 어휘 빙고 게임 ②: 질감 표현 어휘

활동 지침서 49쪽

빙고판 A

딱딱하다	말랑말랑 하다	거칠거칠 하다	폭신폭신 하다
부드럽다	미끌미끌 하다	까칠까칠 하다	물컹하다
반들반들 하다	울퉁불퉁 하다	매끈매끈 하다	축축하다
보들보들 하다	끈적끈적 하다	뽀송뽀송 하다	야들야들 하다

빙고판 B

거칠거칠 하다	울퉁불퉁 하다	축축하다	부드럽다
물컹하다	끈적끈적 하다	딱딱하다	보들보들 하다
말랑말랑 하다	야들야들 하다	매끈매끈 하다	까칠까칠 하다
미끌미끌 하다	뽀송뽀송 하다	폭신폭신 하다	반들반들 하다

활동 4 어휘 빙고 게임 ③: 빈칸

활동 지침서 49쪽

빙고판 A

빙고판 B

활동 5 수수께끼 ①: 쉬운 어휘

활동 지침서 53쪽

다음 '수수께끼 문제카드'를 가위로 오려서 사용하세요.

이것은… 쓰는 거예요. 깨질 수 있어요. 잘 보여요.	이것은… 보는 거예요. 종이로 만들었어요. 소식을 전해 줘요.	이것은… 가구예요. 부엌에 있어요. 밥 먹는 곳이에요.
이것은… 치는 거예요. 햇빛을 가려요. 창문에 걸어요.	이것은… 보는 거예요. 종이로 만들었어요. 날짜를 알려 줘요.	이것은… 보는 거예요. 유리로 만들었어요. 내 얼굴을 비춰 줘요.
이것은… 타는 거예요. 아기에게 필요해요. 엄마가 밀어 줘요.	이것은… 타는 거예요. 바퀴가 있어요. 페달을 밟아요.	이것은… 집에 있어요. 목욕을 해요. 휴지가 필요해요.

활동 5 수수께끼 ①: 쉬운 어휘 답카드

활동 지침서 53쪽

다음 '수수께끼 답카드'를 가위로 오려서 사용하세요.

안경	신문	식탁
커튼	달력	거울
유모차	자전거	화장실

활동 5 수수께끼 ②: 조금 어려운 어휘

활동 지침서 53쪽

다음 '수수께끼 문제카드'를 가위로 오려서 사용하세요.

이것은… 투명해요. 물이 필요해요. 생물체가 있어요.	이것은… 운동기구예요. 숨이 차요. 길어요.	이것은… 앉을 수 있어요. 바퀴가 있어요. 다리가 불편하면 사용해요.
이것은… 물을 담을 수 있어요. 손을 씻을 수 있어요. 화장실에 있어요.	이것은… 사람이에요. 텔레비전에 나와요. 뉴스를 전해 줘요.	이것은… 흙을 담아요. 물을 줘요. 식물을 키워요.
이것은… 입는 거예요. 똑같은 모양이에요. 학생이 입어요.	이것은… 운동기구예요. 들 수 있어요. 무거워요.	이것은… 건물에 있어요. 꼭대기에 있어요. 비상구로 올라가요.

활동 5 수수께끼 ②: 조금 어려운 어휘 답카드

활동 지침서 53쪽

다음 '수수께끼 답카드'를 가위로 오려서 사용하세요.

어항	줄넘기	휠체어
세면대	아나운서	화분
교복	아령	옥상

활동 5 수수께끼 ③: 빈칸

활동 지침서 53쪽

다음 '수수께끼 문제카드'를 오려서 새로운 수수께끼 카드를 만들어 사용하세요.

활동 5 수수께끼 ③: 빈칸 답카드

활동 지침서 53쪽

다음 '수수께끼 답카드(빈칸)'를 오려서 새로운 수수께끼 카드를 만들어 사용하세요.

활동 6 스무고개 ①: 쉬운 어휘

활동 지침서 55쪽

다음 '어휘카드'를 오려서 사용하세요.

신문	교과서	거울
안경	창문	텔레비전
달력	시계	그림
액자	사진	컴퓨터
커튼	빨래	딸랑이

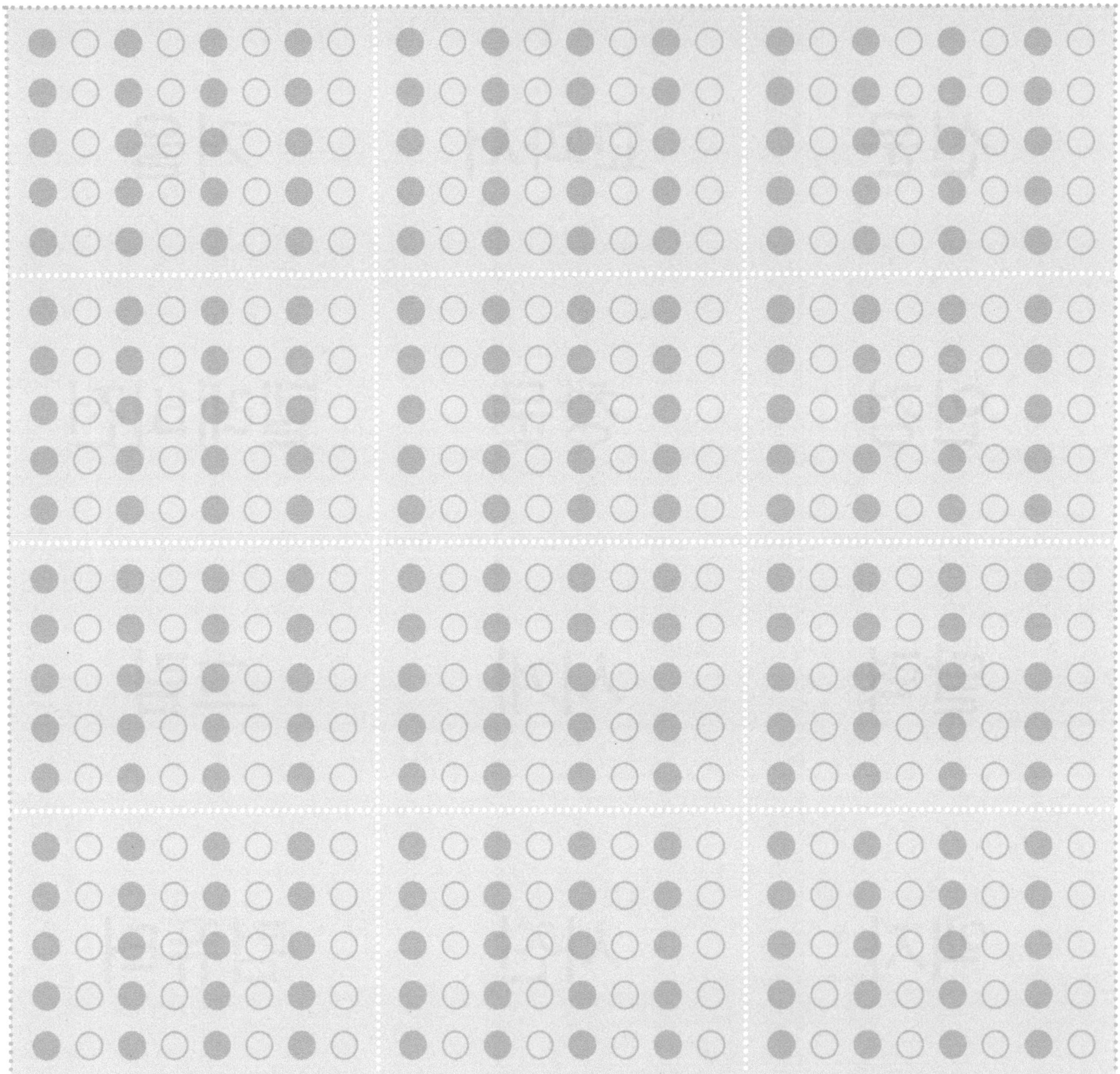

활동 6 스무고개 ①: 쉬운 어휘 분류

활동 지침서 55쪽

쉬운 문제 어휘 분류표

보는 것	신문, 교과서, 거울, 안경, 창문, 텔레비전, 달력, 시계, 그림, 액자, 사진, 컴퓨터
종이로 만든 것	신문, 교과서, 달력, 그림
읽는 것	신문, 교과서, (컴퓨터)
깨지는 것	거울, 안경, 창문, 텔레비전, 시계, 액자, 컴퓨터
소리가 나는 것	텔레비전, 시계, 컴퓨터, 딸랑이
켜고 끄는 것	텔레비전, 컴퓨터
벽에 거는 것	거울, 텔레비전, 달력, 시계, 그림, 액자, 사진, 커튼
○○가 좋아하는 것	주관적으로 평가
기타	그 물건의 고유한 기능으로 설명

정답 찾아가기

신문	보는 것, 종이로 만든 것, 읽는 것, 매일 소식을 전해 주는 것
교과서	보는 것, 종이로 만든 것, 읽는 것, 공부할 때 필요한 것
거울	보는 것, 깨지는 것, 벽에 거는 것, 내 얼굴을 볼 수 있는 것
안경	보는 것, 깨지는 것, 얼굴에 하는 것, 눈과 친한 것
창문	보는 것, 깨지는 것, 벽에 붙어 있는 것, 밖을 볼 수 있는 것
텔레비전	보는 것, 깨지는 것, 소리가 나는 것, 켜고 끄는 것, 재미있는 것
달력	보는 것, 종이로 만든 것, 벽에 거는 것, 날짜를 알려 주는 것
시계	보는 것, 깨지는 것, 벽에 거는 것, 시간을 알려 주는 것
그림	보는 것, 종이로 만든 것, 벽에 걸 수 있는 것, 내가 만든 것
액자	보는 것, 깨지는 것, 벽에 거는 것, 그림을 넣는 것
사진	보는 것, 종이로 만든 것, 벽에 걸 수 있는 것, 내 얼굴이 있는 것
컴퓨터	보는 것, 깨지는 것, 소리가 나는 것, 게임을 하는 것
커튼	치는 것, 옷감으로 만든 것, 벽에 거는 것, 가릴 수 있는 것
빨래	젖어 있는 것, 줄에 널어 두는 것, 옷이나 이불을 깨끗이 하는 것
딸랑이	소리가 나는 것, 흔드는 것, 아기가 좋아하는 것

스무고개 ①: 쉬운 어휘 질문카드

활동 지침서 55쪽

다음 '질문카드'를 오려서 사용하세요.

보는 것입니까?
깨지는 것입니까?
소리가 나는 것입니까?
벽에 거는 것입니까?
○ ○가 좋아합니까?
잘 찢어지는 것입니까?
공부할 때 필요합니까?
밖을 볼 수 있습니까?

1

2

3

4

5

6

7

8

활동 6 스무고개 ①: 쉬운 어휘 질문카드

활동 지침서 55쪽

다음 '질문카드'를 오려서 사용하세요.

날짜를 알려 줍니까?
내가 만들 수 있습니까?
게임을 할 수 있습니까?
종이로 만든 것입니까?
읽는 것입니까?
켜고 끄는 것입니까?
흔드는 것입니까?

9
10
11
12
13
14
15

활동 6 스무고개 ①: 쉬운 어휘 질문카드

활동 지침서 55쪽

다음 '질문카드'를 오려서 사용하세요.

지금 여기에 있는 것입니까?
소식을 전해 줍니까?
얼굴에 하는 것입니까?
만화를 볼 수 있습니까?
시간을 알려 줍니까?
찍는 것입니까?
재미있는 것입니까?

16
17
18
19
20
21
22

활동 6 스무고개 ②: 조금 어려운 어휘

활동 지침서 55쪽

다음 '어휘카드'를 오려서 사용하세요.

침대	책꽂이	장롱
식탁	소파	서랍장
밥상	옥상	카펫
타일	변기	창틀
행거	의자	싱크대

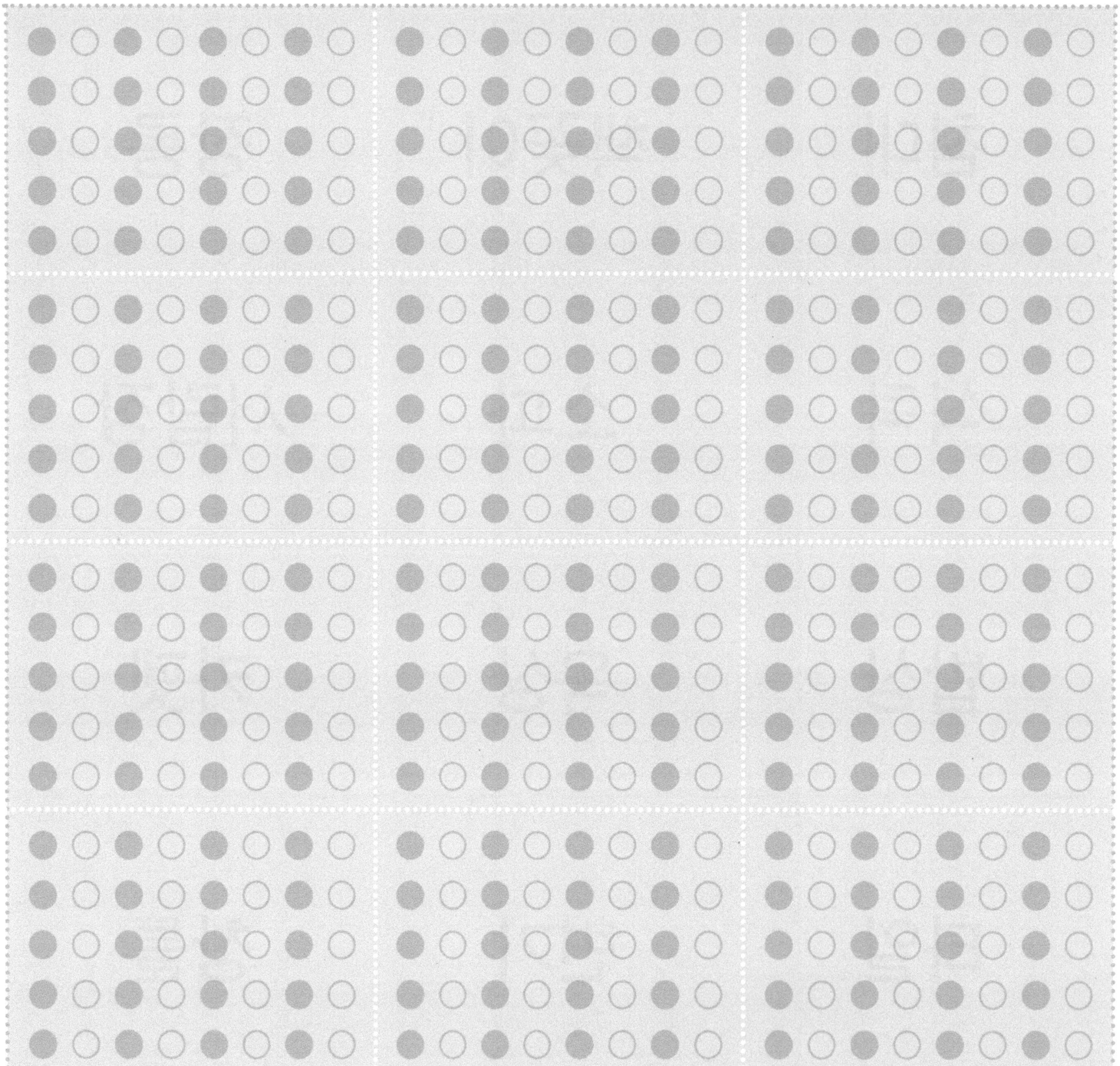

활동 6 스무고개 ②: 조금 어려운 어휘

활동 지침서 55쪽

조금 어려운 어휘 분류표

가구	침대, 책꽂이, 장롱, 식탁, 소파, 서랍장, 의자, 싱크대, (밥상)
서랍이 있는 것	(침대, 책꽂이), 장롱, 서랍장, 싱크대
거실에 있는 것	책꽂이, 소파, 카펫, 창틀
부엌에 있는 것	식탁, 밥상, 창틀, 의자, 싱크대
화장실에 있는 것	타일, 변기
앉을 수 있는 것	소파, 카펫, 타일, 의자, 침대
음식을 올려놓는 것	식탁, 밥상
다리가 있는 것	침대, 식탁, 소파, 밥상, 의자, 싱크대
물건을 정리하는 것	책꽂이, 장롱, 서랍장, 행거, 싱크대
기타	그 물건의 고유한 기능으로 설명

정답 찾아가기

침대	가구, 방에 있는 것, 다리가 있는 것, 푹신푹신한 것, 잠을 자는 것
책꽂이	가구, 서랍이 있는 것, 거실이나 방에 있는 것, 책을 정리하는 것
장롱	가구, 방에 있는 것, 서랍이 있는 것, 옷이나 이불을 넣는 것
식탁	가구, 부엌에 있는 것, 다리가 있는 것, 음식을 올려놓는 것
소파	가구, 거실에 있는 것, 다리가 있는 것, 푹신푹신한 것, 앉는 것
서랍장	가구, 서랍이 있는 것, 방이나 거실에 있는 것, 옷을 정리해 넣는 것
밥상	부엌에 있는 것, 다리가 있는 것, 음식을 올려놓는 것, 접을 수 있는 것
옥상	장소 이름, 집 밖에 있는 곳, 건물 꼭대기, 옥탑방이 있는 곳
카펫	거실에 있는 것, 부드러운 것, 앉거나 눕는 것, 바닥에 까는 것
타일	부엌에 있는 것, 깨질 수 있는 것, 미끄러운 것, 바닥에 까는 것
변기	화장실에 있는 것, 뚜껑 있는 것, 물 내릴 수 있는 것, 냄새나는 것
창틀	벽에 있는 것, 주로 나무로 만든 것, 먼지가 잘 끼는 것, 창문 친구
행거	방에 있는 것, 바퀴가 있는 것, 물건을 정리하는 것, 옷을 거는 것
의자	가구, 다리가 있는 것, 앉을 수 있는 것, 책상이나 식탁과 함께 있는 것
싱크대	부엌에 있는 것, 부엌가구, 다리가 있는 것, 그릇을 정리하는 것

활동 6 스무고개 ②: 조금 어려운 어휘 질문카드

활동 지침서 55쪽

다음 '질문카드'를 오려서 사용하세요.

가구입니까?
거실에 있습니까?
부엌에 있습니까?
앉을 수 있습니까?
다리가 있습니까?
푹신푹신합니까?
책을 정리해 넣습니까?
옷을 정리해 넣습니까?

1

2

3

4

5

6

7

8

활동 6 스무고개 ②: 조금 어려운 어휘 질문카드

활동 지침서 55쪽

다음 '질문카드'를 오려서 사용하세요.

장소 이름입니까?

미끄럽습니까?

벽에 있습니까?

서랍이 있습니까?

방에 있습니까?

화장실에 있습니까?

음식을 올려놓습니까?

9
10
11
12
13
14
15

활동 6 스무고개 ②: 조금 어려운 어휘 질문카드

활동 지침서 55쪽

다음 '질문카드'를 오려서 사용하세요.

물건을 정리하는 것입니까?

잠을 잘 때 필요합니까?

옷이나 이불을 넣습니까?

접을 수 있습니까?

바닥에 까는 것입니까?

뚜껑이 있습니까?

그릇을 정리해 넣습니까?

16
17
18
19
20
21
22

활동 6 스무고개 ③: 빈칸

활동 지침서 55쪽

다음 '빈칸카드'를 오려서 새로운 스무고개 카드를 만들어 사용하세요.

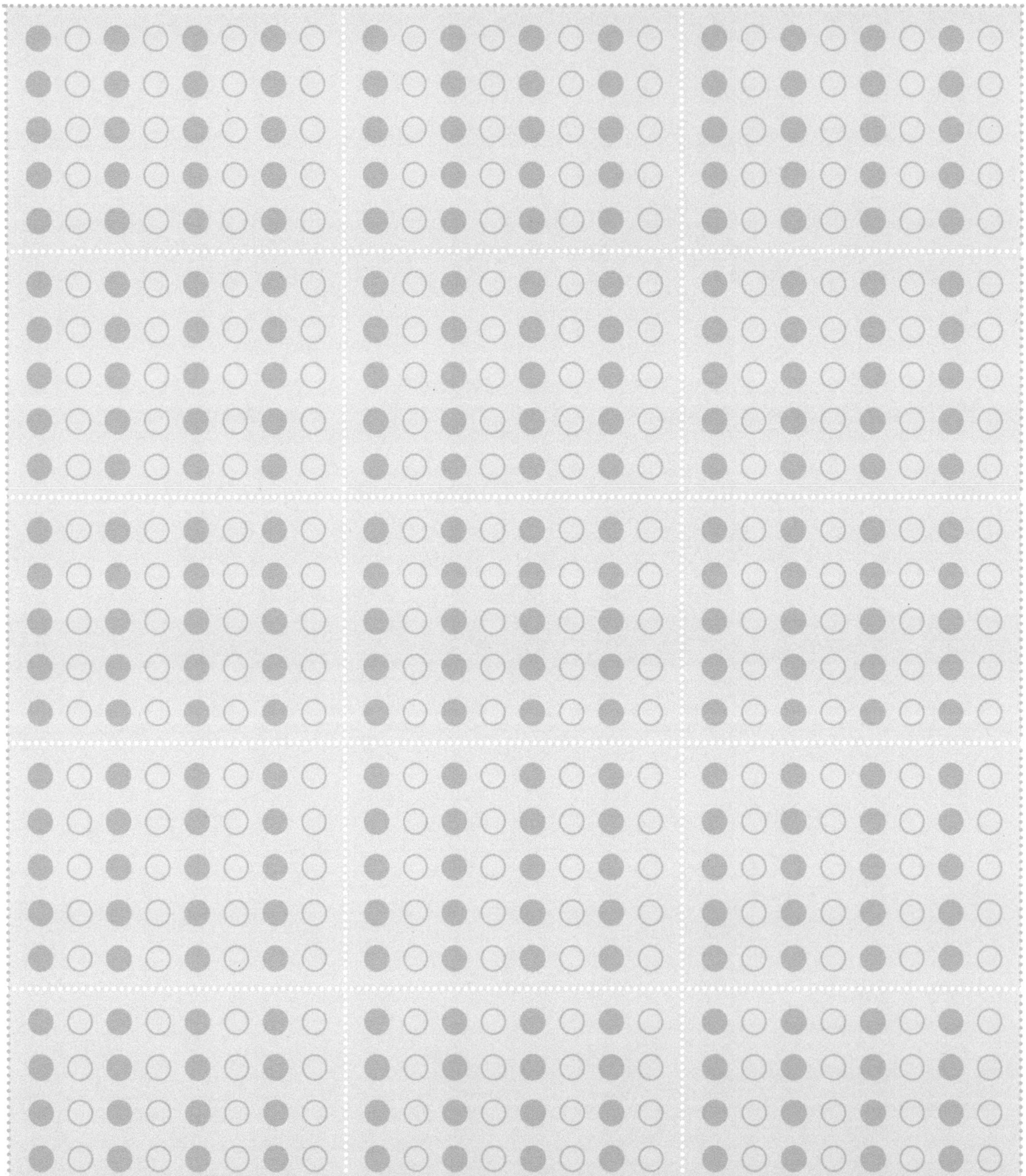

활동 6 스무고개 ③: 빈칸 질문카드

활동 지침서 55쪽

다음 '질문카드'를 오려서 사용하세요.

1

2

3

4

5

6

7

8

스무고개 ③: 빈칸 질문카드

활동 지침서 55쪽

다음 '질문카드'를 오려서 사용하세요.

9
10
11
12
13
14
15

스무고개 ③: 빈칸 질문카드

활동 지침서 55쪽

다음 '질문카드'를 오려서 사용하세요.

16
17
18
19
20
21
22

활동 6 스무고개 ④: 설명서 만들기

활동 지침서 55쪽

물건의 이름: ______________________

물건의 그림을 그려 주세요!

설명을 써 주세요!

____

____

____

____

____

활동 7 스크립트 ①: 빨래 스크립트 그림카드

활동 지침서 58쪽

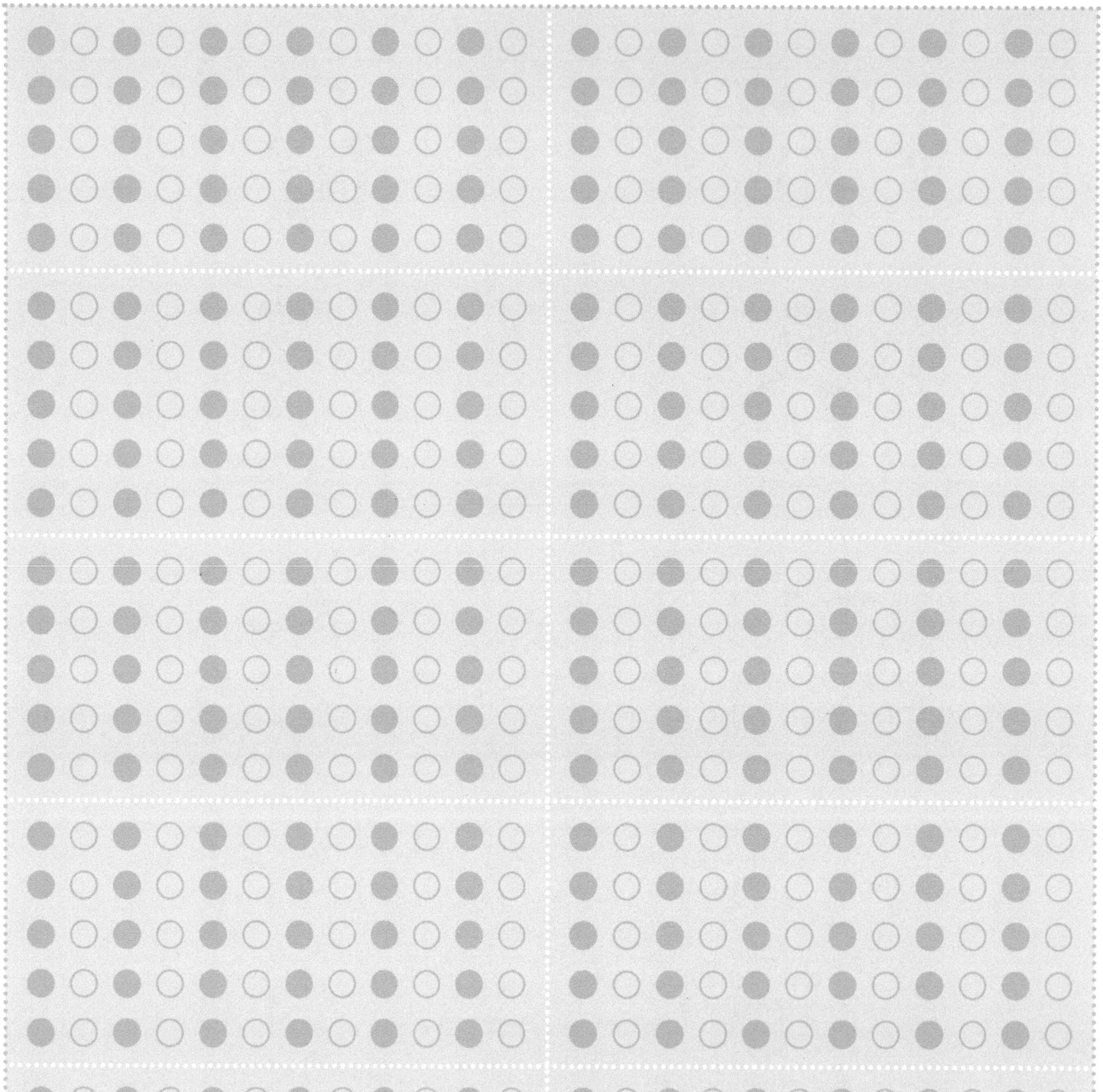

활동 7 스크립트 ①: 빨래 스크립트 문장카드

활동 지침서 58쪽

다음 '빨래 스크립트 문장카드'를 오려서 해당 그림 옆에 놓으세요.

내 바지가 너무 더러워졌어요.	더러운 바지를 벗어서 빨래통에 넣어요.
엄마가 빨래통에 모인 빨래를 세탁기에 넣어요.	엄마가 세탁기에서 빨래를 꺼내요.
엄마가 젖은 빨래를 탁탁 털어요.	엄마가 젖은 빨래를 빨랫줄에 널어요.
햇볕에 빨래가 잘 말라요.	엄마가 다 마른 빨래를 걷어요.
깨끗해진 바지를 예쁘게 개켜요.	잘 개킨 바지를 서랍에 넣어요.

1	2
3	4
5	6
7	8
9	10

활동 7 스크립트 ②: 빨래 스크립트 책 만들기

활동 지침서 58쪽

	그림카드 붙이기	문장 쓰기
1		
2		
3		
4		
5		

활동 7 스크립트 ②: 빨래 스크립트 책 만들기

활동 지침서 58쪽

	그림카드 붙이기	문장 쓰기
6		
7		
8		
9		
10		

활동 8 어휘지도 만들기 ①: 무엇이 생각날까?

활동 지침서 61쪽

'체중계'라는 낱말을 보면 생각나는 것은 무엇인가요? 여기에 써 주세요.

내가 생각한 것과 같은 것을 다음 〈어휘 목록〉에서 찾아보세요.

거대하다, 건강하다, 깡마르다, 날씬하다, 날아갈 것 같다, 놀리다, 눈금, 늘씬하다, 다이어트, 달리기, 돼지, 뒤룩뒤룩, 들키다, 뚱뚱하다, 마르다, 만족하다, 맘모스, 멸치, 목욕탕, 몸무게, 부끄럽다, 비만, 비밀, 비실비실, 비쩍 마르다, 살 빠지다, 살을 빼다, 살이 찌다, 쇠꼬챙이, 수영, 스트레스, 식이요법, 신체검사, 아령, 운동, 운동계획, 자전거 타기, 재다, 정확하다, 조깅, 조절하다, 줄넘기, 찜질방, 창피하다, 체중, 추리닝, 코끼리, 토실토실, 통통하다, 투실투실, 트레이너, 피둥피둥, 허약하다, 헬스장, 호리호리, 화나다, 훌라후프

위의 어휘를 서로 관련이 있는 것끼리 같은 색깔로 표시해 주세요(예 '몸무게' '체중' '재다' '눈금'은 모두 빨간색으로).

활동 8 어휘지도 만들기 ②: 지도 완성하기

활동 지침서 61쪽

'무엇이 생각날까?'에서 같은 색깔로 표시한 낱말들을 다음 칸에 써 주세요.

몸무게

비만

운동

체중계

겉모습

의성어 · 의태어

느낌

지도가 완성되었어요! 지도를 보지 않고 기억해서 말해 보세요.

활동 8 어휘지도 만들기 ③: 빈칸

활동 지침서 61쪽

동그라미 안에 주제어휘를 쓰세요. 그리고 떠오르는 다른 낱말들을 네모 안에 써 주세요.

내 생각 쓰기(그 밖에 또 생각나는 것은 여기에 쓰세요.)

활동 8 어휘지도 만들기 ④: 연상놀이 1

활동 지침서 61쪽

노래 부르기: 〈원숭이 엉덩이〉

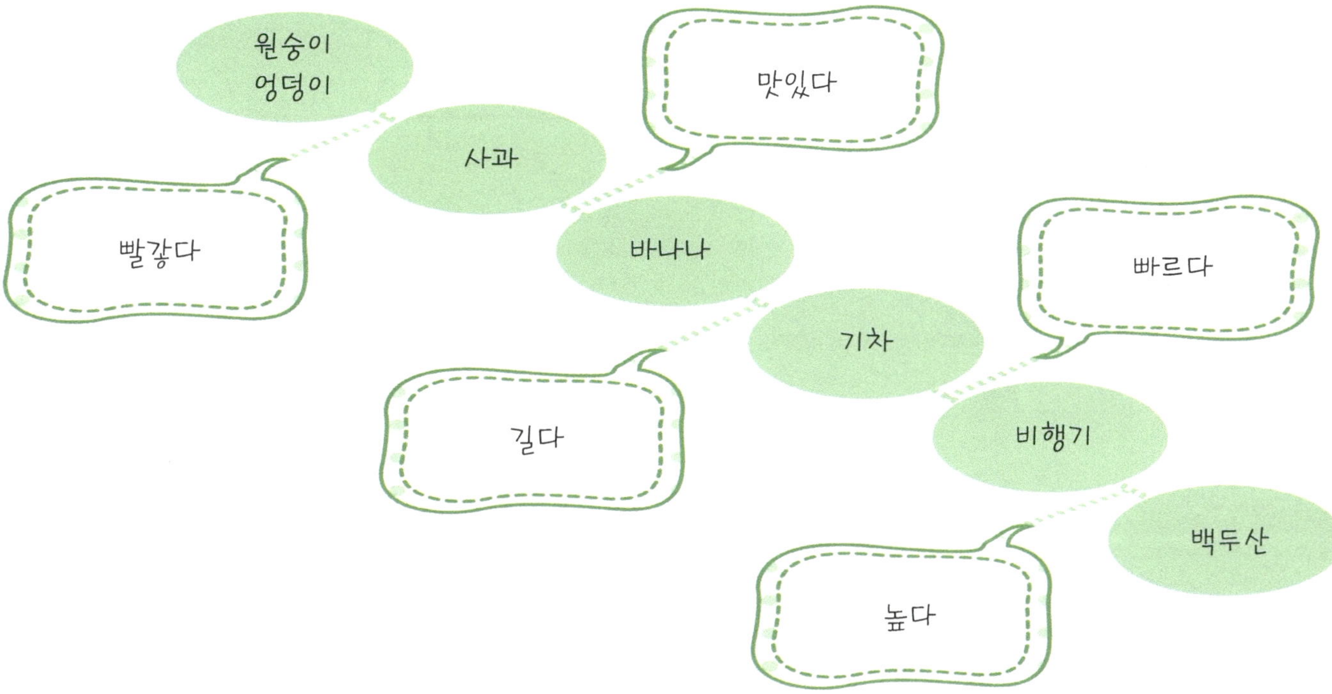

공통점 찾기

	원숭이 엉덩이	사과	바나나	기차	비행기	백두산
원숭이 엉덩이						
사과	빨갛다					
바나나		맛있다				
기차			길다			
비행기				빠르다		
백두산					높다	

활동 8 어휘지도 만들기 ⑤: 연상놀이 2

활동 지침서 61쪽

노래부르기: 〈휴대폰〉

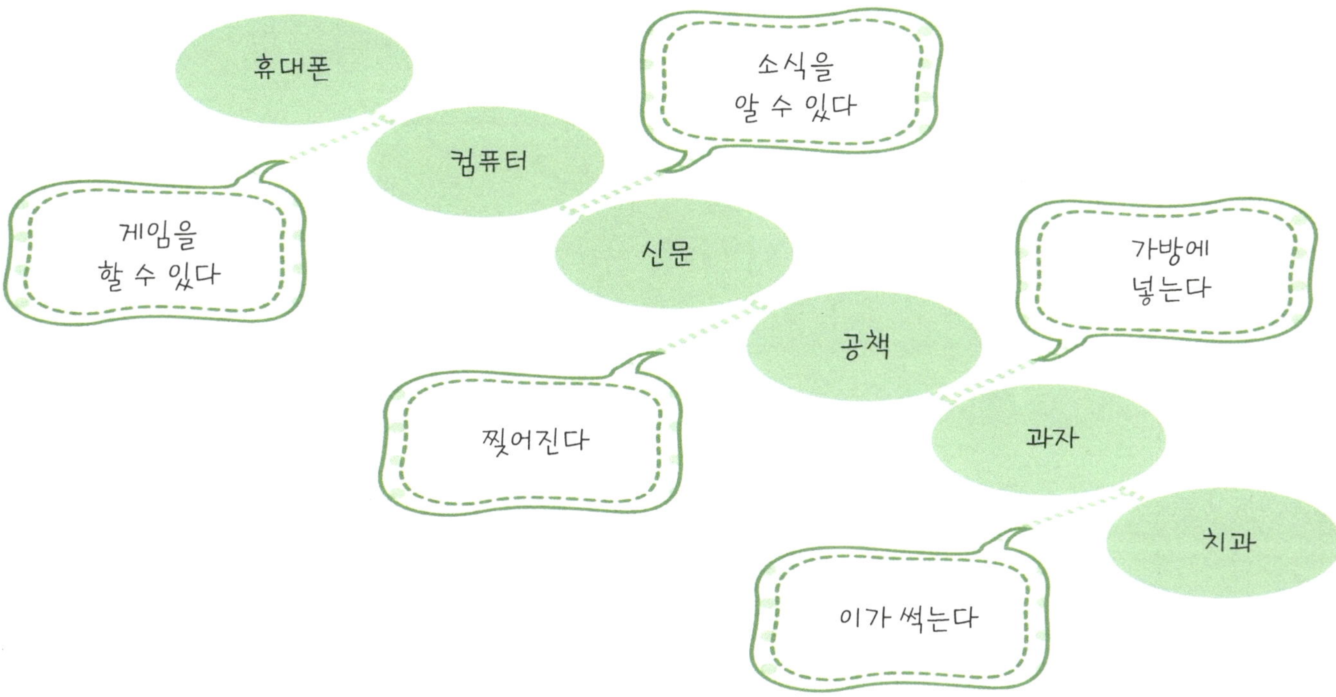

공통점 찾기

	휴대폰	컴퓨터	신문	공책	과자	치과
휴대폰						
컴퓨터	게임을 할 수 있다					
신문		소식을 알 수 있다				
공책			찢어진다			
과자				가방에 넣는다		
치과					이가 썩는다	

활동 8 어휘지도 만들기 ⑥: 빈칸

활동 지침서 61쪽

노래 부르기: ______________________

공통점 찾기

활동 9 어떤 뜻이 있나요? ①

활동 지침서 65쪽

다음 낱말 '보다'에는 여러 가지 뜻이 있어요. 그림을 보고 문장을 완성한 다음, 바꿔서 쓸 수 있는 표현에 줄을 그으세요.

보다

	나는 매일 그림책을 ____________	지켜요.
	어른들이 모두 외출을 하셨어요. 나는 강아지와 함께 집을 ____________	고쳐요.
	엄마가 맛있는 카레를 만들고 있어요. 엄마가 소금을 넣고 맛을 ____________	돌봐 줘요.
	컴퓨터가 고장났어요. 아빠가 컴퓨터를 손을 ____________	먹어 봐요.
	우리 엄마는 직장에 나가셔요. 그래서 낮에는 할머니가 아기를 ____________	읽어요.

활동 9 어떤 뜻이 있나요? ②

활동 지침서 65쪽

다음 낱말 '걸다'에는 여러 가지 뜻이 있어요. 왼쪽의 문장에 쓰인 '걸다' 대신에 바꿔서 쓸 수 있는 표현을 오른쪽에서 찾아 줄을 그어 주세요.

걸다

그림을 벽에 걸었어요.	•	•	죽음을 각오하고 애썼어요.
새 친구와 친하게 지내고 싶어서 내가 먼저 말을 걸었어요.	•	•	붙였어요/시작했어요.
우리 할아버지는 우리나라 독립을 위해 목숨을 걸었대요.	•	•	거칠고 탁해졌어요.
짓궂은 남학생이 내 발을 걸었어요.	•	•	승부를 가리기로 했어요.
너무 소리를 많이 질러서 목소리가 걸어졌어요.	•	•	달았어요/붙였어요.
친구들이 축구경기를 보면서 누가 이길지 내기를 걸었어요.	•	•	방해하고 막았어요.

활동 9 어떤 뜻이 있나요? ③

활동 지침서 65쪽

왼쪽에 있는 낱말은 두 가지 이상의 뜻을 가지고 있어요. 오른쪽의 문장을 보고 어떤 뜻인지 말해 보세요.

소식	오랜만에 친구에게서 반가운 소식이 왔어요.
	우리 할머니는 건강을 위해 소식을 하십니다.
기사	신문에 난 기사를 보고 그 사실을 알았어요.
	운전기사 아저씨에게 내리는 곳을 물어봤어요.
화장	엄마는 외출할 때 늘 예쁘게 화장을 해요.
	그 나라에서는 장례식 후에 화장을 하는 풍습이 있어요.
상	착한 어린이에게 주는 상을 받아서 기분이 좋아요.
	지금 엄마가 부엌에서 상을 차리고 계셔요.
	옆집은 할아버지가 돌아가셔서 상중이에요.
바퀴	자동차 바퀴는 모두 둥글게 생겼어요.
	나는 벌레 중에서 바퀴를 제일 싫어해요.
구두	언니가 새 구두를 신고 뽐내고 있어요.
	오늘 시험은 구두로 발표하고 대답하는 시험이에요.
인도	우리는 내년에 인도로 여행 가기로 했어요.
	자동차는 차도로 다니고 사람은 인도로 다녀요.
	용감한 아저씨가 경찰관에게 범인을 인도했어요.

활동 9 어떤 뜻이 있나요? ④: 종합 연습문제

활동 지침서 65쪽

(　　) 안에는 어떤 낱말이 들어가야 할까요? (　　)를 채워 주세요.

번호	문장
1	새 친구와 친하게 지내고 싶어서 내가 친구에게 말을 (　　　　　　).
2	우리 엄마는 직장에 나가셔요. 그래서 낮에는 할머니가 아기를 (　　　　　　).
3	내 방 벽에 시계를 (　　　　　　).
4	오랜만에 친구에게서 반가운 (　　　　　　)을 전해 들었어요.
5	엄마가 신발가게에 가서 새 (　　　　　　)를 사왔어요. 나도 어른이 되면 멋진 (　　　　　　)를 신을 거에요.
6	어제 학교에서 착한 어린이에게 주는 (　　　　　　)을 받아서 기분이 아주 좋아요.
7	어른들이 모두 외출을 하셨어요. 나는 강아지와 함께 집을 (　　　　　　).
8	자동차는 차도에서 다니고, 사람은 (　　　　　　)에서 걸어다녀요.
9	옷을 옷걸이에 (　　　　　　) 옷장에 넣었어요.
10	컴퓨터가 고장났어요. 그래서 주말에 아빠가 어디가 고장났는지 손을 (　　　　　　)로 했어요.

활동 9 어떤 뜻이 있나요? ④: 종합 연습문제

활동 지침서 65쪽

번호	문장
11	어제 운동회 때 우리 편을 응원하느라 소리를 많이 질렀더니 내 목소리가 ( ).
12	우리 할머니는 건강을 위해 ( )을 하셔요. 나는 할머니가 배가 고플 것 같아요.
13	자동차 ( )는 모두 둥글게 생겼어요.
14	나는 어제 버스를 탔는데 어디에서 내리는지 몰라서 운전( ) 아저씨한테 물어봤어요.
15	우리는 내년에 힌두교 나라인 ( )로 여행을 가기로 했어요.
16	신문에 난 ( )를 보고 그 사실을 알았어요.
17	내 짝이 일부러 내 발을 ( ) 나를 넘어뜨렸어요.
18	엄마가 맛있는 카레를 만들고 있어요. 엄마는 지금 소금을 넣고 나서 간을 ( ).
19	오늘 시험은 필기시험이 아니라 ( )로 발표하는 시험이에요.
20	우리 할아버지는 예전에 우리나라 독립을 위해 목숨을 ( ).
21	지금 엄마가 부엌에서 아침( )을 차리고 계셔요.
22	그 나라에서는 장례식 후에 ( )을 하는 풍습이 있어요.
23	나는 지금 그림책을 ( ), 재미가 없어서 텔레비전을 ( ) 있어요.

MEMO

저자 소개

윤혜련
이화여자대학교 문리대학 졸업
이화여자대학교 대학원 특수교육학 석사
이화여자대학교 대학원 언어병리학 박사
전) 이화여자대학교, 연세대학교, 나사렛대학교, 명지대학교 대학원 언어치료학과 겸임교수
한국언어장애전문가협회, 한국언어청각임상학회 총무이사 및 상임이사
현) 윤언어교육원 원장, 연세대학교 대학원 언어병리학 협동과정 겸임교수
1급 언어치료사
저 · 역서: 의사소통장애의 이해(공저, 학지사, 2010)
소그룹 언어치료의 이론과 실제(공저, 서울장애인종합복지관, 2008)
언어와 읽기장애(공역, 시그마프레스, 2008)
영 · 유아 언어발달 검사(SELSI)(공저, 도서출판 특수교육, 2003)

양수진
이화여자대학교 영어영문학과 졸업
이화여자대학교 대학원 언어병리학 석사
현) 윤언어교육원 언어치료사, 나사렛대학교 언어치료학과 출강
1급 언어치료사
저서: 재미있는 듣기 연습(공저, 군자출판사, 2004)

오세나
나사렛대학교 언어치료학과 졸업
단국대학교 대학원 언어치료학 석사과정 수료
현) 윤언어교육원 언어치료사
2급 언어치료사

이경아
서울대학교 졸업
이화여자대학교 대학원 언어병리학 석사
전) 아트박스 출판사 편집부 근무
덕암출판 편집부 근무
현) 윤언어교육원 언어치료사
1급 언어치료사

언어발달 촉진 프로그램

민이네 아침 풍경

❷ 어휘촉진 활동 워크북

2012년 8월 10일 1판 1쇄 발행
2018년 4월 20일 1판 3쇄 발행

지은이 • 윤혜련·양수진·오세나·이경아

펴낸이 • 김 진 환

펴낸곳 • (주) 학지사

04031 서울특별시 마포구 양화로 15길 20 마인드월드빌딩 5층

대표전화 • 02) 330-5114 팩스 • 02) 324-2345

등록번호 • 제313-2006-000265호

홈페이지 • http://www.hakjisa.co.kr
페이스북 • https://www.facebook.com/hakjisabook

ISBN 978-89-6330-935-4 94370
978-89-6330-932-3 (set)

정가 **15,000**원